English-Spanish
Inglés-Español

For Ages 4–7
De 4 a 7 años

Worries Are Not Forever

Las preocupaciones no duran para siempre

Elizabeth Verdick

Ilustrado por Marieka Heinlen
Traducido por Edgar Rojas

free spirit PUBLISHING®

Library of Congress Cataloging-in-Publication Data
This book has been filed with the Library of Congress.
ISBN: 978-1-63198-471-6

Cover and interior design by Shannon Pourciau
Translation edited by Dora O'Malley

Printed by: 590835
Printed in: China

Free Spirit Publishing
An Imprint of Teacher Created Materials
9850 51st Avenue North, Suite 100
Minneapolis, MN 55442
(612) 338-2068
help4kids@freespirit.com
freespirit.com

FSC
www.fsc.org
MIX
Paper from responsible sources
FSC® C155903

To anyone—young or young at heart—
who has ever felt worried. I hope this
book provides words of comfort for
children, and ways to help for adults.
—E.V.

To my children, Levi and Nora.
—M.H.

Para cualquier persona, joven o joven de corazón,
que alguna vez se haya sentido preocupada.
Espero que este libro ofrezca palabras de alivio para
los niños y maneras de ayudar a los adultos.
—E.V.

Para mis hijos Levi y Nora.
—M.H.

The world is a big, beautiful place.

So much to see and do!

El mundo es un lugar grande y hermoso.

¡Hay tanto que ver y hacer!

Honk!
Honk!
¡Pip-
Pip!
25

Sometimes BIG
feels a little scary.

A veces lo GRANDE nos
da un poco de miedo.

BIG rides

Montañas rusas GRANDES

BIG animals

Animales GRANDES

BIG classrooms
Aulas GRANDES

BIG challenges
Desafíos GRANDES

And sometimes
BIG worries . . .
even if you're excited
at the same time.

Y a veces, las
preocupaciones GRANDES . . .
incluso si te emocionas
al mismo tiempo.

What are *worries*?

¿Qué son las *preocupaciones*?

Worries are thoughts like:
Something bad might happen.
I might make a mistake.
I can't do this.

Las preocupaciones son pensamientos como:
Algo malo podría suceder.
Podría cometer un error.
No puedo hacer esto.

Worried thoughts make your heart beat faster.

Your stomach feels like it's full of butterflies.

Los pensamientos preocupantes hacen que tu corazón palpite más rápido.

Sientes como si tu estómago estuviera lleno de mariposas.

Guess what?

You are bigger than your worries.

You can learn to make your worries smaller and smaller.

¿Adivina qué?

Eres más grande que tus preocupaciones.

Puedes aprender a hacer que tus preocupaciones se achiquen más y más.

How? Start with knowing that lots of kids feel worried.

You're not alone.

¿Cómo? Comienza con saber que muchos niños se sienten preocupados.

Tú no eres el único.

They worry about loud noises and dark places, new people to meet and new things to try.

Los niños se preocupan por los ruidos fuertes y los lugares oscuros, por las personas que recién conocen y por las nuevas cosas que intentan hacer.

Everybody worries—even grown-ups.

"Do you worry, Dad?"

Todas las personas se preocupan, incluso los adultos.

"Papá, ¿tú te preocupas?"

"Sure I do. It's okay to feel that way."

"Claro que sí. Es normal sentirse de esa manera".

Worries are not forever.

Las preocupaciones no duran para siempre.

There are many ways to help your worries go away.

Hay muchas cosas que puedes hacer para ayudar a que tus preocupaciones desaparezcan.

Worries don't last as long if you *talk* about them . . .

Las preocupaciones no durarán mucho tiempo si le *cuentas* a . . .

to a parent

uno de tus papás

a brother, sister, or babysitter

un hermano, una hermana o tu niñera

a teacher or someone
else you trust

un maestro o alguien
más en quien confías

"I'm worried.
Will you help me?"

"Me siento preocupada,
¿puedes ayudarme?"

Moving around can make your worries move away.

Moverse de un lado a otro puede hacer que tus preocupaciones desaparezcan.

You'll start to feel better.

Empezarás a sentirte mejor.

Dance

Bailar

Stretch!

¡Estirarse!

Keeping your *hands* busy helps too.

Mantener tus *manos* ocupadas también te puede ayudar.

Play with clay

Jugar con arcilla

Draw or paint

Dibujar o pintar

Build with blocks

Construir cosas con bloques

Dig in the sand

Escavar en la arena

Wave goodbye to those worries!

¡Dile adiós a esas preocupaciones!

Whenever you need to calm yourself down, take a few *deep breaths*.

Breathe in slowly through your nose, like you're smelling cookies.

Breathe out slowly through your mouth, like you're blowing bubbles.

Picture a place that makes you feel peaceful.

Cuando necesites calmarte, *respira profundo* unas cuantas veces.

Inhala lentamente por tu nariz como si estuvieras oliendo galletas.

Exhala lentamente por tu boca como si estuvieras soplando burbujas.

Imagínate un lugar que te hace sentir tranquilo.

If it helps, you can repeat these words to yourself:

Si crees que es de ayuda, puedes repetir estas palabras:

"Worries are not forever.
Worries are not forever."

"Las preocupaciones no
duran para siempre.
Las preocupaciones no
duran para siempre."

When you're worried,
you might need a *big hug*.

Cuando estás preocupado
quizás necesites un
abrazo grande.

Cuddle someone you love.

Snuggle something soft.

Abraza a alguien a quien quieres.

Abraza algo suave.

Ahhhhh

Ahhhhh

Now, think good thoughts:
I am fine.
I am calm.
I am safe.

Ahora piensa en cosas buenas:
Me siento bien.
Me siento calmado.
Me siento seguro.

Worries are not forever . . .

If they come back, you know just what to do.

Las preocupaciones no duran para siempre . . .

Si te vuelves a preocupar, ya sabes qué hacer.

Tips and Activities for Caregivers and Parents

All children worry—some more than others. Adults may see children's worries as small or insignificant, but worries and fears are very real for children. If children believe their fears will lead to something bad happening, physical and emotional stress may result. Certain body language and behaviors may signal stress. Signs include:

- being tearful or clingy
- restlessness, agitation, pacing, outbursts, aggression
- being tired during the day or having difficulty sleeping
- not being able to focus in class
- a change in appetite
- avoiding school, social occasions, or everyday activities
- biting nails, chewing hair, sucking on shirt sleeves

Children may not realize that some of their symptoms are the result of worried thoughts. Find out if your child:

- feels tired or worn down most of the day
- has a faster heartbeat or racing heart
- often gets "butterflies in the stomach"
- feels shaky or sweaty
- has frequent stomachaches or headaches
- gets a restless feeling or can't seem to sit still
- has racing or repetitive thoughts

Getting a child to recognize these signs is a first step in talking about the feelings. A sense of relief will follow . . . but there's more work to do.

Cutting Worries Down to Size

Worries Are Not Forever aims to give children tools for coping with anxious thoughts and feelings. One of the messages of the book is "*You* are bigger than your worries." Children learn they can talk back to worries.

Together, you can try an activity where your child gives their worries a name, such as Worry Bug, Worry Monster, or Sir Worries. What does this character look like? Help your child bring it to life in a drawing or by making a puppet, a painted rock creature, or a clay sculpture. This character can be held and spoken to: "Stop bugging me," "Goodbye, monster," "Sir, it's time for you to go to bed."

Other ways to "put away worries" include:

Make a worry jar. Decorate a jar (or box) and ask your child to write worries on slips of paper to "take out of your head and place into the jar." It's a powerful moment when a child can remove one of the slips, read about a specific worry, and then tear it up because the problem is gone.

Use a worry timer. Set the timer for ten minutes or so. This is your child's "worry time"—the time to let all the worries come out freely. When worry time is over, we "put the worries away for the day." Follow up with a physical activity or something enjoyable to take the mind off of worry.

Give a worry doll. These are tiny handmade Guatemalan dolls created from wool, wire, and leftover textiles. The dolls derive from the legend of a Mayan princess who, as a gift from the sun god, could solve any problem a person might worry about. Traditionally, a worry doll was placed under a child's pillow, so the child could "sleep on the problem" and have their sorrows taken away. You can give your child a worry doll or make one together. Use the doll as a tool to facilitate conversations between you and your child.

Talking About Worries

If a child's worry alarm goes off, use that signal to play detective:

- What is the worrisome thought? (Write it down.)
- Are there other thoughts lurking around it? (Put them on paper too.)
- Is this thought about something that might happen in the future? How likely is it to really happen? (Challenge the worries. Look for alternative positive scenarios.)
- Is the thought about something that happened? (Talk about the event and the pain it is causing.)

- Seek comfort. (Find a safe space, or if that's not possible, use the breathing techniques on page 24.)
- Talk back to the worry. (Use whatever words may be helpful in this situation.)

The way that you, as the adult, talk about worry makes a big difference—so avoid negative language.

Words That DON'T Help

- "Stop worrying."
- "There's nothing to worry about."
- "Don't be such a worrywart."
- "I'm so tired of hearing about your worrying."
- "Calm down!"

Words That DO Help

- "I'm here to listen."
- "Worries are just thoughts, just feelings. We can get through this together."
- "You are bigger than your worries. How big does this worry feel?"
- "You're safe. Let's talk."
- "What can I do to help?"
- "Talk to your worry. What do you want to tell it?"
- "This feeling won't last forever. I'll stay with you while we work through it."
- "Let's walk. Moving can help make worries go away."
- "You are not alone."
- "I think you're brave. You're facing your worry."

Helping Children Calm Down

Set up a quiet space. Whether at home or in the classroom, children enjoy having a safe space to chill out when stressed. This place can be as simple as a beanbag chair with earphones. Lower the lights, provide pillows, keep books handy . . . teach children that they can go to this space to breathe deep, relax, and feel restored.

Keep worry tools handy. Stress balls, squishy toys, "fidgets," and art supplies can help children focus and calm down. If such tools aren't available, ask a child who is stressed to press her hands hard against the wall, pushing her worries away.

Practice belly breathing. Belly breathing is a special way of controlling the breath to feel calmer. The trick is to teach this skill ahead of time so children can use it in the moment.

1. Imagine a balloon on your belly. Put a hand on top of your belly.
2. Breathe in slowly through your nose. As you do this, count to three, pausing between each number. Feel the imaginary balloon filling with air.
3. Breathe out slowly through your mouth. Count to five, pausing between each number. Imagine that the balloon is getting flat. Picture your negative feelings leaving your body as you breathe out.
4. Repeat the belly breathing several times. Notice your muscles relaxing and your worried thoughts slowing down.

To enhance belly breathing, give children bubble wands to blow through or pinwheels to move with their breath.

Consejos y actividades para los padres y para quienes cuidan a los niños

Todos los niños se preocupan y hay algunos que se preocupan más que otros. Los adultos pueden pensar que estas emociones son pequeñas o insignificantes, pero para los niños las preocupaciones y los temores son muy reales. Si los niños creen que sus temores conducirán a que ocurra algo malo, puede producirles estrés físico y emocional. Existen ciertos tipos de lenguaje corporal y comportamientos que pueden ser señales de estrés. Estas señales incluyen:

- Estar lloroso o apegado
- Mostrar inquietud, agitación, arrebatos, agresión, caminar de un lado a otro
- Estar cansado durante el día o tener dificultad para dormir
- No poder concentrarse en la clase
- Tener cambios en el apetito
- Evitar ir a la escuela, las reuniones sociales o las actividades cotidianas
- Morderse las uñas, masticar el cabello, chuparse las mangas de la camisa

Los niños pueden no darse cuenta que algunos de sus síntomas son el resultado de pensamientos preocupantes. Averigüe si el niño:

- Se siente cansado o agotado la mayor parte del día
- Tiene un palpitar más rápido o el corazón acelerado
- A menudo siente "mariposas en el estómago"
- Se siente tembloroso o sudoroso
- Tiene dolores de estómago o de cabeza con frecuencia
- Tiene una sensación de inquietud o parece que no puede quedarse quieto
- Tiene pensamientos incoherentes o repetitivos

Lograr que el niño reconozca estas señales es un primer paso para hablar sobre los sentimientos. Esto producirá una sensación de alivio . . . pero hay más trabajo por realizar.

Reducir las preocupaciones

Las preocupaciones no duran para siempre tiene como objetivo brindarles a los niños herramientas para sobrellevar los pensamientos y sentimientos ansiosos. Uno de los mensajes del libro es "*Eres* más grande que tus preocupaciones". Los niños aprenden que pueden hacer algo frente a las preocupaciones.

Intente realizar una actividad en compañía del pequeño para que le dé un nombre a sus preocupaciones (como "bichos raros", "monstruos" o "chinches"). ¿Qué aspecto tiene este personaje? Ayude al niño a crear una imagen viva del "miedo" por medio de un dibujo, construyendo un títere, pintando una criatura en una roca o haciendo una escultura de arcilla. Luego puede sostener este personaje en sus manos y decirle algo como: "Deja de molestarme", "Adiós monstruo", "Señor, es hora que te vayas a dormir".

Estas son otras alternativas para "alejar las preocupaciones":

Haga un frasco de preocupaciones. Decore un frasco (o una caja) y pídale al niño que escriba sus preocupaciones en tiras de papel para "sacarlas de la cabeza y colocarlas en el frasco". Un momento muy importante es cuando el niño saca una de las tiras de papel del frasco, lee la preocupación que ha escrito y luego la destruye porque ese problema ya no existe.

Utilice un temporizador de preocupación. Programe un temporizador para que se accione en unos diez minutos. Este es el "tiempo de preocupación" del niño (el tiempo para dejar que todas las preocupaciones se expresen con libertad). Cuando se acaba el tiempo, "dejamos a un lado las preocupaciones del día". A continuación realice una actividad física o algo agradable para distraer la mente del niño y alejarla de la preocupación.

Obsequie una "muñeca quitapenas". Estas son pequeñas muñecas hechas a mano en Guatemala fabricadas con lana, alambre y retazos de telas. La tradición se deriva de la leyenda de una princesa maya a quien el Dios del Sol le había regalado una muñeca que podía resolver cualquier problema que tuviera una persona. Según la tradición, la muñeca quitapenas se colocaba debajo de la almohada del niño para que pudiera "dormir el problema" y de esa manera la muñeca le quitaba la pena. Puede darle esta muñeca al niño o fabricar una juntos. Utilícela como un instrumento para facilitar las conversaciones con el niño.

Hablar sobre las preocupaciones

Si las preocupaciones del niño se tornan evidentes, ponga atención y empiece a investigar:

- ¿Cuál es el pensamiento preocupante? (Escríbalo.)
- ¿Tiene otros pensamientos que también son preocupantes? (Escríbalos también.)
- ¿Está ese pensamiento relacionado con algo que podría suceder en el futuro? ¿Cuál es la probabilidad que suceda realmente? (Para despejar las preocupaciones y presente situaciones alternativas y positivas.)
- ¿Está el pensamiento relacionado con algo que ya sucedió? Hable sobre la situación y el dolor que está causando.
- Busque consuelo. Encuentre un espacio seguro, o si eso no es posible, ponga en práctica las técnicas de respiración presentadas en la página 24.
- Responda a la preocupación. Utilice cualquier palabra que pueda ser útil en cada caso.

La manera en que usted, como adulto, habla sobre la preocupación es de vital importancia. Evite utilizar lenguaje negativo.

Palabras que NO SIRVEN de ayuda

- "Deja de preocuparte".
- "No hay nada de qué preocuparse".
- "No seas tan pesimista".
- "Ya estoy cansado de escuchar que te preocupas".
- "¡Cálmate!"

Palabras que SÍ ayudan

- "Estoy aquí para escucharte".
- "Las preocupaciones son solo pensamientos, solo sentimientos. Entre ambos podemos superarlos".
- "Eres más grande que tus preocupaciones. ¿Qué tan grande sientes esta preocupación?".
- "Ahora estás en un lugar seguro y podemos hablar".
- "¿Qué puedo hacer para ayudarte?".
- "Háblale a tu preocupación. ¿Qué quieres decirle?".
- "Este sentimiento no durará para siempre. Me quedaré contigo mientras solucionamos esto".
- "Vamos a caminar. Moverse puede ayudar a que las preocupaciones desaparezcan".
- "Tú no estás solo".
- "Creo que eres valiente. Estás enfrentando tu preocupación".

Ayudar a los niños a calmarse

Organice un espacio tranquilo. Los niños disfrutan cuando tienen un espacio seguro en la casa o en el aula de clase para relajarse cuando están estresados. El lugar puede ser algo tan simple como una silla "puff" y un par de auriculares. Baje un poco la intensidad de las luces, proporcione almohadas y mantenga libros a mano. Enséñeles a los niños que pueden utilizar este lugar para respirar profundamente, relajarse y sentirse recuperados.

Mantenga a la mano herramientas para controlar la preocupación. Las pelotas para el estrés, los juguetes blandos, los "Squishies" (o juguetes que se pueden apretar para reducir el estrés) y los materiales de arte pueden ayudar a los niños a concentrarse y calmarse. Si no tiene este tipo de cosas a la mano, pídale al niño que está estresado que presione las manos contra la pared para que así aleje sus preocupaciones.

Practique la respiración abdominal. La respiración abdominal es una manera especial de controlar la respiración para sentirse más tranquilo. Lo importante es enseñar esta habilidad con anticipación para que los niños puedan usarla en el momento necesario.

1. Imagínate que tienes un globo en tu vientre. Coloca una mano encima de tu vientre.
2. Inhala lentamente por la nariz. Mientras haces esto, cuenta hasta tres pausando en cada número. Siente como si el globo imaginario se llenara de aire.
3. Exhala lentamente por la boca. Cuenta hasta cinco pausando en cada número. Imagínate que el globo se está desinflando. Imagínate que tus sentimientos negativos se alejan de tu cuerpo mientras exhalas.
4. Repite varias veces esta respiración abdominal. Fíjate como tus músculos se relajan y tus pensamientos preocupantes van disminuyendo.

Para mejorar la respiración abdominal, proporcione a los niños varitas de burbujas para soplar o ruedas giratorias (molinetes, reguiletes) para que las muevan a medida que respiran.

About the Author and Illustrator

Acerca de la autora y la ilustradora

Elizabeth Verdick is the author of more than 40 highly acclaimed books for children and teenagers, including other books in the Best Behavior series for young children, the Happy Healthy Baby and Toddler Tools board book series, and the Laugh & Learn series for preteens. Elizabeth lives with her husband, daughter, son, and a houseful of pets near St. Paul, Minnesota.

Elizabeth Verdick es autora de más de 40 libros para niños y adolescentes, incluyendo otros libros de la colección Best Behavior para niños pequeños, la serie de libros de cartón, *Happy Healthy Baby* y *Toddler Tools* y la serie para pre-adolescentes Laugh & Learn. Elizabeth vive con su esposo, su hija, su hijo y varias mascotas en una casa cerca de St. Paul, Minnesota.

Marieka Heinlen launched her career as a children's book illustrator with the award-winning *Hands Are Not for Hitting*. As a freelance illustrator and designer, Marieka focuses her work on books and other materials for children, teens, parents, and teachers. She lives in St. Paul, Minnesota, with her husband, son, and daughter.

Marieka Heinlen lanzó su carrera como ilustradora de libros para niños con el libro premiado *Las manos no son para pegar*. Marieka enfoca su trabajo de ilustradora y diseñadora en libros y otros materiales para niños, adolescentes, padres y maestros. Vive en St. Paul, Minnesota, con su esposo, su hijo y su hija.